Maria Giovanna Zamburlini
Tomás G. Azcárate

La réforme de la PAC post-2013

Maria Giovanna Zamburlini
Tomás G. Azcárate

La réforme de la PAC post-2013

Un archipel d'ONG environnementales entre
différenciation et coordination

Éditions universitaires européennes

Impressum / Mentions légales
Bibliografische Information der Deutschen Nationalbibliothek: Die Deutsche Nationalbibliothek verzeichnet diese Publikation in der Deutschen Nationalbibliografie; detaillierte bibliografische Daten sind im Internet über http://dnb.d-nb.de abrufbar.

Information bibliographique publiée par la Deutsche Nationalbibliothek: La Deutsche Nationalbibliothek inscrit cette publication à la Deutsche Nationalbibliografie; des données bibliographiques détaillées sont disponibles sur internet à l'adresse http://dnb.d-nb.de.

Coverbild / Photo de couverture: www.ingimage.com

Verlag / Editeur:
Éditions universitaires européennes
ist ein Imprint der / est une marque déposée de
OmniScriptum GmbH & Co. KG
Heinrich-Böcking-Str. 6-8, 66121 Saarbrücken, Deutschland / Allemagne
Email: info@editions-ue.com

Herstellung: siehe letzte Seite /
Impression: voir la dernière page
ISBN: 978-3-8416-7222-3

Remerciements

A *Eric Remacle* et *Emma Zamburlini*

Table des matières

Résumé

Le débat sur la politique agricole commune – PAC post 2013 – nous permet d'étudier les réseaux d'ONG environnementales (ONGE) au niveau de l'Union européenne. Nous constatons la participation des différentes ONG à plusieurs réseaux ce qui leur permet d'opter pour des stratégies de coordination ou de différenciation entre elles selon les sujets abordés. Une lecture approfondie des réseaux révèle que la coordination et la différenciation sont le résultat de décisions stratégiques dans un contexte politique changeant. Les auteurs souhaitent démontrer comment tant la coordination que la différenciation soutiennent l'objectif commun de protection de l'environnement.

MOTS-CLÉS : *réseau F5, organisations non gouvernementales L3, environnement Q1, réforme PAC H5, Commission européenne H7*

Post - 2013 CAP Reform: an ENGO Archipelago between differentiation and coordination

Abstract

The debate on the Common Agricultural Policy -CAP Reform post-2013 offers an opportunity to study the functioning of networks of Environmental NGOs -ENGOs at European Union level. We note ENGOs participate in different networks. This plurality allows ENGOs to opt for coordination or differentiation strategies between one another accordingly. A focused reading of the policy issue network explains co-ordination and differentiation as the result of strategic decision-making in a changing political context. We aim to show how co-ordination and differentiation may support the common objective of protecting the environment.

KEYWORDS: *network F5, environmental NGOs L3, environment Q1, CAP reform H5, EU commission H7*

Introduction

La négociation sur la Politique agricole commune (PAC) qui sera menée durant la période 2014-2020 est terminée. Pour la première fois les questions environnementales, ont été au centre des débats (à travers le débat sur le « verdissement » des aides directes par exemple).

À côté des acteurs classiquement impliqués dans ces négociations (comme les ministres nationaux de l'agriculture ou les syndicats agricoles), d'autres protagonistes sont intervenus. Notre intérêt se centre sur le réseau des Organisations non gouvernementales environnementales (ONGE) actives à l'échelle européenne, leurs rôles et leurs dynamiques durant toute la phase de préparation et de négociation.

L'inscription dans la durée des inquiétudes environnementales en matière agricole s'est déjà traduite par l'intégration progressive des considérations environnementales dans les réformes précédentes (Pezaros et Unfried, 2002). En particulier, nous pouvons mentionner en 1992 l'instauration de mesures agroenvironnementales rémunérant les pratiques culturales favorables à l'environnement. L'Agenda 2000 a introduit l'éco conditionnalité soumettant l'octroi des aides directes au respect des normes environnementales dans les régions présentant des problèmes environnementaux. En 2003 et 2004, le découplage des aides a généralisé cette conditionnalité des aides à tout le territoire.

De plus, le transfert du soutien public à l'agriculture du consommateur au contribuable a ouvert le processus de négociation à de nouveaux acteurs (Fouilleux, 2000). Parmi ceux-ci les ONGE sont plus nombreuses et mieux organisées qu'auparavant (Gravey, 2011).

Nous avons constaté qu'en amont de la publication des propositions législatives, les positions défendues par les ONGE étaient bien loin d'être identiques. Certaines ne remettaient pas en cause le sens des réformes entreprises jusqu'à présent mais demandaient une réorientation des aides pour rémunérer la production de « biens publics » agricoles.

7

D'autres, par contre, considéraient que ces orientations menacent l'existence des petites et moyennes exploitations, et réclamaient des prix « rémunérateurs » pour les producteurs. Elles plaidaient pour un tournant radical de la PAC, quitte à s'éloigner des règles de l'Organisation mondiale du commerce (OMC).

Cependant, une fois les propositions législatives publiées, les ONGE se reconnaissaient en tant que groupe coordonné et soudé tel que la littérature l'a déjà souligné au niveau international (Wapner, 1995) et au niveau européen (Greenwood, 2003). Notre article porte sur les stratégies des ONGE au cours des négociations de la PAC. Notre hypothèse est que les ONGE adoptent différentes stratégies de mise en réseau en fonction de l'évolution des négociations. La tendance à la coordination (ou à la différenciation) serait le résultat d'un calcul stratégique dans un contexte politique précis. Notre réflexion se construit dans le cadre disciplinaire de science politique et, en particulier, sur des approches de l'intégration européenne qui utilisent le concept de réseau politique (Rosamond, 2000).

La coexistence entre différents réseaux des ONGE peut être analysée par le concept de *réseau par question* (Bugdahn, 2008). Nous analyserons ensuite, leurs choix stratégiques, en nous fondant sur l'approche relationnelle élaborée par Hay et Richards (2000).

Nous avons procédé à l'identification des ONGE du réseau PAC par une méthodologie inductive et qualitative, reposant sur des entretiens réalisés entre mai et juillet 2012.

Différentes organisations clés ont été interviewées : les ONGE *BirdLife International*, *European Environmental Bureau* (EEB), *Friends of the Earth Europe* (FoEE), *World Wide Fund for Nature European Policy Office* (WWF EPO) ; des organisations d'intérêt agricole telles que le Comité des organisations professionnelles agricoles (COPA-COGECA), la Coordination européenne Via Campesina, la *European Landowners Association* (ELO) ; trois Directions générales de la Commission européenne : agriculture et développement rural (DG AGRI), changement climatique (DG CLIMA) et environnement (DG ENV).

Lors des entretiens semi-directifs, nous avons demandé aux différentes organisations d'identifier les acteurs dans les alliances et leur éventuel pouvoir d'influence sur les propositions législatives de la réforme. Les entretiens nous ont aidés, dans une première phase exploratoire, à définir la problématique de notre recherche et les acteurs clés dans les réseaux des ONGE. Chaque entretien a été enregistré et retranscrit pour une analyse plus approfondie.

Le Conseil et le Parlement européens ont été volontairement écartés en raison de leur rôle limité dans la formation du *réseau par question*. D'autres sources nous ont aidés, notamment les documents de la Commission européenne, les prises de position des différentes organisations ainsi que des études publiées sur le sujet.

Tout d'abord, nous présentons le cadre théorique du réseau politique qui nous a permis ensuite d'analyser le réseau des ONGE. Puis, nous décrivons l'actuel réseau des ONGE dans la réforme de la PAC. Ensuite, nous intégrons notre analyse dans une perspective historique. Enfin, l'approche relationnelle stratégique, quant à elle, clôture l'analyse des stratégies des ONGE dans les négociations de la PAC.

Cadre théorique
Le réseau politique

L'importance du réseau pour les ONGE a déjà été soulignée dans la littérature (Clark *et al.*, 1998 ; Berny, 2008). La coexistence entre « différenciation » et « coordination » dans le réseau des ONGE est un élément présent dans d'autres sphères politiques, comme par exemple la sphère internationale (Betsill et Corell, 2008). Le concept de réseau a déjà été adopté pour analyser le développement des politiques européennes, par des auteurs comme Peterson et Richardson (Rosamond, 2000).

Nous considérons ici l'ONGE comme une entité en soi ainsi que la définit Hasneter Kriesi (Berny, 2008) : une représentation politique qui gagne en expertise et autorité dans le processus décisionnel.

La majorité de la littérature concernant les ONGE utilise une approche institutionnelle, historique et constructiviste, et montre comment les porteurs d'enjeux environnementalistes (organisés ou non sous forme d'ONGE ou de partis politiques) se sont adaptés, au fil du temps, aux règles du jeu institutionnel grâce aux contacts réguliers avec les acteurs décisionnels politiques (Berny, 2008 ; Rootes, 2003). Par ailleurs, d'autres travaux soulignent l'importance de la socialisation, dans le microcosme bruxellois des acteurs non décisionnels, avec des fonctionnaires européens au sein des lieux de pouvoir (Michel et Robert, 2010).

Notre étude, quant à elle, s'inscrit dans une perspective complémentaire, en se focalisant sur l'interaction entre les acteurs clés du débat de la réforme, et sur la distribution des ressources entre eux (Rosamond, 2000). Dans cette approche, nous utilisons l'outil du réseau politique pour identifier les acteurs engagés dans la formulation de la réforme comme souligné par Peterson (Rosamond, 2000). L'approche relationnelle stratégique, quant à elle, nous aide à analyser la distribution des ressources et des pouvoirs dans le réseau.

Le concept de réseau politique se base sur les relations et les dépendances entre les acteurs décisionnels exécutifs et la société civile (Young, 2010). Dans l'Union européenne l'importance des réseaux est soulignée dans la formulation des politiques (Esmark, 2007) quand les acteurs privés essayent d'influencer les acteurs décisionnels (Borzel et Heard-Lauréote, 2009).

La littérature scientifique identifie différents types de réseaux en fonction de la nature des interactions entre leurs membres. En particulier, nous nous appuyons sur la distinction entre les réseaux par question d'un côté et les communautés de politique publique de l'autre, soutenues par Marsh et Rhodes (Kaiser *et al.*, 2010). Les premiers sont composés de toute interaction informelle entre les acteurs publics et privés intéressés par un secteur politique spécifique (Bugdahn, 2008) ; les secondes sont plus stables au niveau de la composition du réseau mais l'accès y est limité pour les nouveaux membres. Les deux types de réseaux se différencient dans leurs façons de conduire les discussions (Young, 2010) : les débats dans les réseaux par question peuvent être très controversés alors que dans les communautés de politique publique les membres ont tendance à favoriser les consensus et la continuité de la politique dans l'intérêt des titulaires participants.

Le consensus autour des valeurs de la politique agricole avait déjà été mis en place à partir du Traité de Rome en 1957 dans lequel sont inscrites les priorités de la PAC : axées d'abord sur les intérêts des producteurs et ensuite sur ceux des consommateurs. L'accroissement de la productivité et la stabilisation efficace des marchés devaient permettre aux producteurs d'obtenir un revenu équitable. Par conséquent, le prix raisonnable pour les consommateurs était moins prioritaire (Azcarate, 2011). Ces priorités dépendaient de l'importance accordée aux intérêts agricoles par les gouvernements nationaux centraux (Griffiths, 1995). Engagées de longue date la défense de leurs intérêts à l'échelle internationale, les associations agricoles spécialisées renforçaient leur intervention au niveau communautaire, tout en maintenant leur stratégie de mobilisation à l'échelle nationale (Hrabanski, 1992). Enfin, la conférence de Stresa en 1958 ratifia le soutien des prix en tant qu'instrument principal pour répondre aux exigences des revenus agricoles dans un cadre de commerce international protectionniste.

Le recours aux outils de soutien des prix liés au protectionnisme commercial aurait alors conféré à la PAC un caractère particulièrement incitatif à la production (Fouilleux, 2000).

La question de la gouvernance des réseaux est l'objet de controverses. Pour certains, la seule caractéristique nécessaire est l'autorégulation alors que, pour d'autres, l'efficience est atteinte quand le réseau est structuré et géré (Jordan et Schout, 2006). Ainsi, le concept de *metagovernance* fait référence à la gestion des réseaux par les autorités décisionnelles. Il peut s'articuler sous trois formes : la définition de la composition du réseau qui détermine la composition et les règles du jeu des membres; le cadrage discursif qui détermine les paradigmes de référence du débat; enfin, l'activation du réseau qui influence la sélection des acteurs, la solution des conflits entre les membres et apporte un soutien à ceux-ci (Torfing, 2007).

Si on applique le concept de *metagovernance* au niveau européen, la Commission européenne est l'autorité décisionnelle qui se situe au centre de la gestion du réseau d'acteurs impliqués dans la définition la politique agricole commune (Esmark, 2007). Elle s'appuie sur ses compétences issues des dispositions législatives ou institutionnelles pour établir la composition du réseau, et sur l'ouverture de procédures de consultation qui précède les propositions d'actes législatifs (Roederer-Rynning, 2010). Par le biais de son cadrage discursif, elle impose des règles communes de communication basées sur un haut niveau d'expertise. L'expertise apparaît dans les règles d'interaction entre la Commission et les acteurs privés. Par exemple, Ansaloni (2013) montre l'influence gagnée par l'ONGE *Birdlife* International sur l'unité de la DG AGRI responsable de préparer la réforme de la PAC dans les années 1990 grâce à ses connaissances techniques et scientifiques. D'autre part, elle influence le paradigme et les croyances discutées afin de résoudre les problèmes liés à la PAC, en limitant le débat qui va suivre au niveau du Conseil et du Parlement européens. Enfin, à propos d'activation du réseau, elle établit des réseaux qui ne sont pas spontanés (Esmark, 2007), en créant des comités consultatifs et des groupes de travail ayant une fonction consultative dans le processus de décision politique (Moschitz et Stolze, 2007).

Le cadre du réseau politique, et en particulier du réseau par question, est utile pour analyser les interactions entre les acteurs de notre débat mais ne permet pas de comprendre la distribution du pouvoir entre les acteurs du débat et leurs choix stratégiques. Pour cela, nous avons eu recours à l'approche relationnelle stratégique, une théorie de l'action collective stratégique appliquée à la pratique sociale du travail en réseau (Hay et Richards, 2000). Même si elle est développée dans un contexte différent (par exemple la politique nationale britannique), nous estimons que cette théorie peut être objectivée et transposée à d'autres terrains, comme les auteurs eux-mêmes le suggèrent. Nous allons donc l'appliquer dans le cadre de la théorie du réseau par question pour analyser les choix de réseaux des ONGE.

Hay et Richards ont construit un modèle basé sur une succession d'étapes qui se combinent pour former un procédé cyclique. À chaque étape correspond un moment de développement du réseau faisant l'objet de l'étude, notamment celui de sa formation ou de sa transformation. Nous allons baser notre analyse sur deux périodes différentes, la mise à l'agenda et le processus de décision politique, phases cycliques du processus décisionnel qui déterminent un changement dans le débat et dans la composition du réseau par question.

L'évolution du réseau autour de la PAC

La structure du réseau autour de la PAC a présenté dans le passé les caractéristiques d'une communauté de politique publique. En premier lieu, on observe une stabilité des membres représentant les intérêts agricoles, des représentants nationaux au Conseil et des agents de la Commission (Daugbjerg, 1999). En deuxième lieu, on remarque le manque d'ouverture à de nouveaux membres potentiels. Pour finir, le consensus politique était axé d'abord sur les intérêts des producteurs et, ensuite, mais dans une moindre mesure, sur ceux des consommateurs.

La Commission a fortement contribué à la composition et à l'activation de ce réseau en permettant de réunir les intérêts nationaux et les intérêts du secteur agricole (Peterson et Boomberg, 1999 ; Knudsen, 2010) par un système complexe de comités de gestion et consultatifs organisés par produit agricole (Daugbjerg, 1999).

Plusieurs facteurs externes et internes ont influencé le changement: la prise en compte des préoccupations environnementales (Pezaros et Unfried, 2002) ; la réforme de 1992 (Fouilleux, 2000) ; l'accord agricole de l'*Uruguay Round* et l'intégration des règles de l'Organisation mondiale du commerce (OMC) ; les crises sanitaires, notamment la crise dite de "la vache folle" (Roederer-Rynning, 2010).

Si la Commission a joué un rôle actif dans la définition de la communauté de politique publique, elle a aussi été active dans les changements vers un *réseau par question* (Martin, 2014). Tout d'abord, dans la composition du réseau, qu'elle a ouvert à d'autres intérêts que ceux des agriculteurs au cours de la procédure de consultation qui précède les propositions d'actes législatifs (Roederer-Rynning, 2010). Il s'agit de la première consultation ouverte qui demandait la contribution de la société civile, des associations de consommateurs ou des ONG environnemental, en confirmant une plus grande ouverture de la DG AGRI et du Cabinet du commissaire à l'agriculture vis-à-vis de toutes les parties intéressées au débat, et pas seulement des groupes agricoles. La Communication de novembre 2010, a été suivie, d'une part, d'une consultation pour l'analyse d'impact de la réforme par laquelle la DG AGRI demandait la contribution des différentes parties intéressées, notamment le Réseau européen de développement rural comprenant différentes ONG environnementales[1] et, d'autre part, de la consultation intra service au sein de la Commission[2] – avec DG CLIMA et DG ENV comme parties prenantes à ce processus.[3]

L'ouverture de la Commission est ainsi expliquée par un fonctionnaire de la DG AGRI :

« Il s'agit d'une évolution historique. Auparavant, la négociation de PAC était entre les États membres et la Commission (les ministres nationaux agricoles et nous). Aujourd'hui, ça n'est plus possible d'avoir une politique publique qui dépense des sommes aussi importantes de fonds publics, si elle n'est pas soutenue par la société civile [...]. Pour cette raison nous avons besoin d'un débat ouvert et la Commission l'a fait. »

[Entretiens avec un fonctionnaire de la DG AGRI]

Durant la consultation lancée en avril 2010, la Commission a recueilli quelque 5 500 contributions[4]. Cette dynamique est par ailleurs positivement soulignée dans plusieurs de nos entretiens auprès d'acteurs qui n'étaient pas inclus historiquement dans cette communauté de politiques publiques : EEB, Coordination européenne Via Campesina, BirdLife, WWF EPO, DG ENV.

---

[1] Commission, 20.10.2011, SEC (2011) 1153 final/2 *loc. cit.*, pp. 15-20.
[2] Commission staff working paper "*Impact assessment Common Agricultural Policy towards 2020*", Brussels, 20.10.2011, SEC (2011) 1153 final/2, *loc. cit.*, p. 6.

[4]*La politique agricole commune après 2013 – Débat public.* Site DG AGRI http://ec.europa.eu/agriculture/cap-post-2013/debate/index_fr.htm

Ensuite, dans le cadrage discursif, l'expertise apparaît dans les règles d'interaction entre la Commission et les acteurs privés, non seulement comme un mode de représentation des intérêts mais également comme un registre rhétorique auquel doivent se soumettre tous ceux qui veulent s'imposer comme interlocuteurs légitimes (Hrabanski, 2011). Enfin, dans l'activation du réseau, la Commission soutient l'ouverture de comités consultatifs et de groupes de travail, aussi bien au sein des syndicats agricoles minoritaires que des représentants de la société civile (Henning, 2009), y compris les ONGE (Moschitz et Stolze, 2007). Ces comités n'ont certes pas un rôle législatif mais ils permettent à leurs membres de rester en contact avec les acteurs décisionnels, en obtenant des informations de première main sur les évolutions prévisibles de la PAC (Moschitz et Stolze, 2007). Même si le COPA-COGECA reste l'organisation la plus représentée, EEB, WWF EPO et BirdLife sont aussi particulièrement présents. Tous ces éléments confirment la mobilisation des ONGE au niveau européen dans le débat sur la PAC, alors qu'elles étaient quasiment absentes avant la réforme de 1992 (Gravey, 2011).

Sur cette base, nous définissons ces changements comme un passage de la communauté de politique publique à un réseau par question se caractérisant par une composition élargie de ses membres, la souplesse d'accès aux discussions dans les réformes et un style moins consensuel dans le processus de prise de décision politique (Fouilleux, 2000).

Les réseaux des ONGE

Afin d'identifier les prises de positions ou la participation des ONGE au débat, nous nous sommes appuyés sur les documents produits par les acteurs actifs dans le débat, qu'ils soient privés ou publics, dans la consultation lancée par la Commission en 2010. Lors de nos entretiens, l'activisme des ONGE a été confirmé par une réorientation de leurs moyens vers les thèmes liés à la PAC et une intensification des moyens financiers et humains. Par exemple, EEB et WWF EPO ont recruté un responsable pour se consacrer aux dossiers PAC qui n'étaient pas traités auparavant de manière prioritaire, au niveau national comme au niveau européen.

Sur la base de ces critères, les ONGE qui ont été identifiées comme membres du réseau autour de la PAC sont identifiées dans *la figure n.1* : BirdLife, WWF EPO, EEB, FoEE, *European Forum* ou *Nature Conservation and Pastoralism* (EFNCP) et Pesticide Action Réseau (PAN). Il s'agit des ONGE les plus actives, ayant un responsable à Bruxelles chargé de la réforme et qui ont participé à la rédaction de positions communes. D'autres acteurs sont également présents mais ne sont cependant pas des ONGE, comme l'*International Federation of Organic Agriculture Movements* (IFOAM) qui défend la production en agriculture biologique ou le European Landowners Association ELO, plutôt proche de COPA-COGECA qui représente les intérêts des grands propriétaires fonciers.

Nos entretiens nous ont par ailleurs permis d'identifier des connections entre les ONGE. Les proxys que nous avons choisis pour établir le lien entre elles sont autant la participation à la rédaction d'une position commune que l'échange d'information sur la base régulière d'appels téléphoniques ou par le biais de réunions.

Telles des îles d'un même archipel, regroupées au sein de plusieurs sous-groupes, les ONGE font partie de différents réseaux préétablis avant même les négociations (voir les différents réseaux dans *la figure 2*) :

- Le réseau GREEN10[5] (originairement G4) réunit toutes les principales ONGE présentes à Bruxelles (Heijden, 2010), entre autres WWF EPO, FoEE, Greenpeace, EEB et BirdLife. Il est considéré comme un interlocuteur fiable par la Commission (Greenwood, 2004).

- Le réseau CAP NGO est un exemple de coordination plus large comprenant des ONG du développement (*Concord - European Platform for development NGOs*), des ONG pour la protection des animaux (*Eurogroup for Animals*) et des ONG pour la protection des consommateurs (*European Public Health Alliance, European Community of consumer cooperatives*). Le CAPNGO a été créé en 2001 comme réseau informel, afin de réunir une fois par an des coordinateurs européens qui s'occupent de la PAC dans la mouvance paysanne (entendue comme celle qui se situe à la marge, et souvent à la gauche, du syndicalisme agricole majoritaire) et environnementaliste. En son sein, se retrouvent FoEE, Greenpeace, EEB, IFOAM, PAN, mais pas Birdlife.[6]

- Le réseau *European Movement for Food Sovereignty and another CAP* (FoodSovCap) est l'expression européenne du mouvement mondial pour la souveraineté alimentaire dont les revendications ont été inscrites dans la « Déclaration de Nyéléni » en 2007. Il rassemble les organisations paysannes de la Coordination Européenne Via Campesina, mais aussi d'autres organisations et mouvements, notamment le réseau européen ATTAC, Oxfam solidarité Belgique et *the World March of Women*. Les ONGE qui participent à ce mouvement sont FoEE et *Greenpeace*, FoEE étant un des initiateurs du mouvement.

---

[5]Dix organisations font parties de GRENN10 : *BirdLife Europe; CEE Bankwatch Network; Climate Action Network Europe; European Environmental Bureau; Friends of the Earth Europe; Greenpeace European Unit; Health and Environment Alliance; Naturefriends International; Transport and Environment; WWF EPO.*
[6]Entretien avec Via Campesina.

- Le réseau *Agricultural and Rural Convention* (ARC2020). ARC est une plateforme qui comprend quant à elle des organisations et des réseaux ruraux et environnementaux. Parmi ses membres nous retrouvons IFOAM, PAN Europe, FoEE et Via Campesina.

Ces réseaux, même s'ils se superposent, sont cependant parfaitement autonomes. Une même ONGE peut être membre de plusieurs réseaux à la fois. Grâce à cette souplesse, les ONGE vont activer différents réseaux durant le processus de négociation. Nous allons maintenant analyser comment les ONGE ont utilisé ces réseaux pour leurs stratégies durant les deux périodes de la mise à l'agenda et du processus de décision politique, respectivement avant et après les propositions d'octobre 2011 au sujet de la PAC 2014-2020.

Figure n° 1 : Lien entre les ONGE et les autres acteurs actifs dans la négociation PAC post 2013 (avril 2010-juillet 2012)

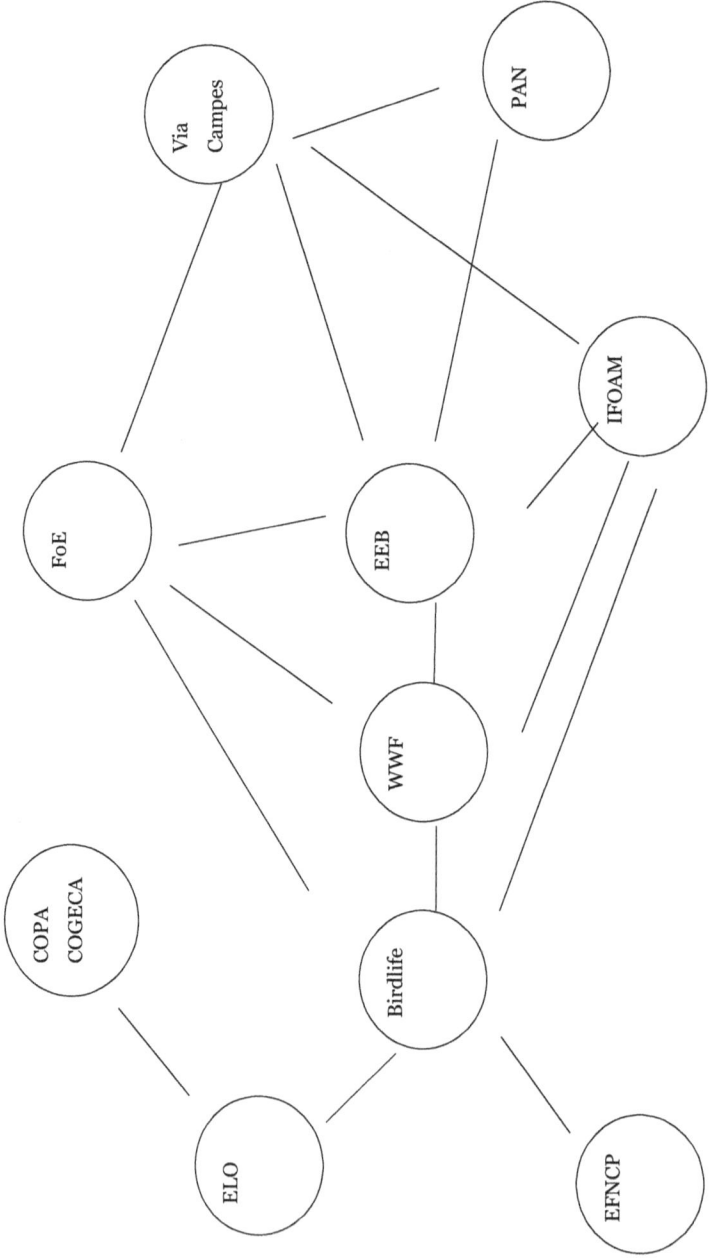

Figure n° 2: Différents réseaux préétablis par les ONGE dans la négociation PAC (avril 2010-juillet 2012)

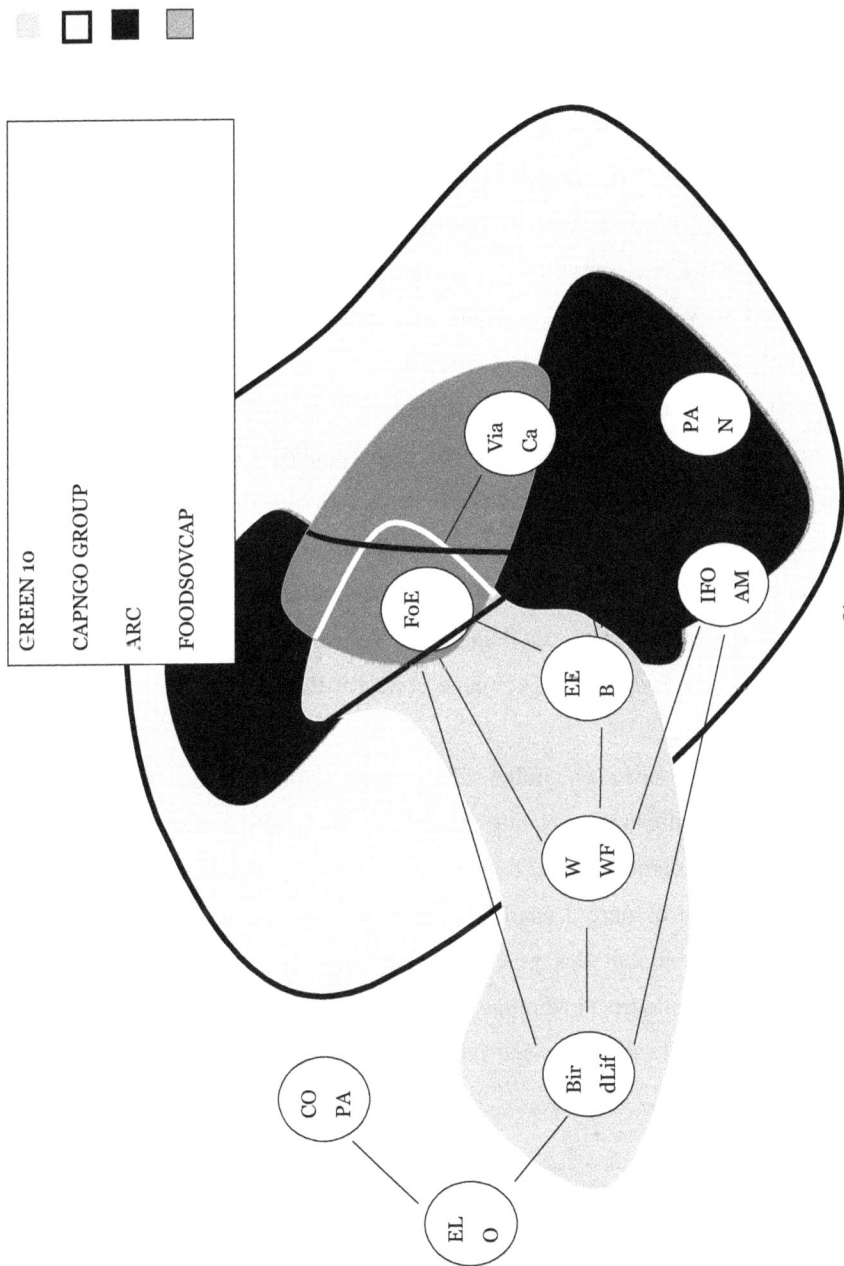

GREEN 10

CAPNGO GROUP

ARC

FOODSOVCAP

21

1. Mise à l'agenda

Avant les propositions de la Commission, les ONGE du GREEN10 se sont coordonnées pour la rédaction du document, *L'environnement au cœur de l'Europe,* et sur des fiches explicatives pour montrer l'utilité du verdissement de la PAC.[7]

Néanmoins, des antagonismes entre ONGE ont engendré une confrontation entre deux positions : la position de biens publics – orientation vers le marché – et celle de souveraineté alimentaire – régulation publique des marchés. La première fut introduite *via* une proposition commune de 2009 entre BirdLife, EEB, EFNCP, IFOAM et WWF EPO. Ces ONG ont proposé de remplacer les aides directes reçues par les agriculteurs européens par un contrat entre l'agriculteur et le citoyen européen pour la fourniture de biens publics[8]. Ces ONGE se sont appuyées sur une vision économique néo-classique des biens publics visant la fourniture, grâce à l'intervention publique, d'une série de biens agricoles environnementaux non livrés par les mécanismes du marché, du fait de leurs caractéristiques de non rivalité et de non exclusivité (Lataste *et al.*, 2014). L'intervention publique envisagée était donc restreinte à la correction des défaillances de marché vis-à-vis de la fourniture des biens publics. La position commune entre BirdLife et ELO[9] allait dans le même sens.

La position prise en juillet 2010[10] par le mouvement européen pour la souveraineté alimentaire et une autre CAP ou FoodSovCap allait dans un autre sens. Elle soulignait la question du revenu des agriculteurs et s'inquiétait de la diminution du nombre d'emplois dans le secteur agricole européen. La solution proposée garantissait des prix "rémunérateurs" aux producteurs, ce qui devait également permettre de diminuer les aides directes. Serait alors nécessaire de redéfinir le cadre du commerce international et de réintroduire une protection aux

---

[7] *Thirteen factsheets highlighting thirteen reasons for reforming the Common Agricultural Policy, in coalition with leading Brussels NGOs.* June 2011.
https://www.foeeurope.org/sites/default/files/publications/FoEE_13_reasons_for_green_CAP_reform_0611.pdf.
[8] *Proposal for a new EU Common Agricultural Policy.* WWF, BirdLife, IFOAM, EFNCP.
[9] http://www.europeanlandowners.org/
[10] *Proposition pour une nouvelle politique agricole et alimentaire européenne.* http://www.eurovia.org/spip.php?article343.

frontières suffisante pour faire respecter la préférence communautaire. La base inspiratrice de cette position se trouve dans la déclaration sur la souveraineté alimentaire, signée au Mali en 2007 par le mouvement Nyéléni. La souveraineté alimentaire se définit comme une politique agricole qui donne « priorité aux économies et aux marchés locaux et nationaux, et fait primer une agriculture paysanne et familiale, une pêche traditionnelle, un élevage pastoral. Elle s'oppose à l'impérialisme, le néolibéralisme [...] qui appauvrissent la vie, les ressources et les écosystèmes mais aussi leurs promoteurs, tels que les institutions financières internationales, l'OMC, les accords de libre-échange, les multinationales et les gouvernements ennemis des peuples ». [11] Le réseau ARC, quant à lui, opta pour une position quelque peu différente des deux premières. Il publia une communication en 2010[12] sur la réforme soutenant le rôle des paiements directs comme moyen de subsistance pour les petits et moyens agriculteurs. Néanmoins lesdits paiements devaient être conditionnés à des standards environnementaux tels que la limitation d'usage de pesticides ou la limitation des émissions de carbone des élevages.

---

[11] Nyéléni 2007, Forum for Food Sovereignty : http://nyeleni.org/DOWNLOADS/Nyelni_EN.pdf
[12]"La réaction de ARC2020's aux propositions de la Commission européenne pour le future de la PAC", publié en anglais le 2 Mai 2012 sur www. Arc2020.eu.

2. Processus de décision politique

En novembre 2010, la Commission publia ses propositions de réforme qui constituèrent la base des discussions. Elle confirma la continuité dans la libéralisation des marchés (intervention publique limitée à un filet de sécurité) mais accepta le verdissement des aides. Ainsi, elle proposa que 30 % de l'enveloppe budgétaire des aides directes soient conditionnés au respect de règles environnementales simples et contrôlables.

Dans leurs réactions, les ONGE (EEB, BirdLife, WWF EPO[13], FoEE, et PAN[14]) affirmèrent que ces propositions n'étaient pas suffisamment ambitieuses et voulurent renforcer les exigences à satisfaire pour avoir accès aux paiements verts, en particulier augmenter de 7 % à 10 % la surface agricole destinée aux surfaces d'intérêt écologique, le passage à la rotation des cultures au lieu de la diversification de l'assolement proposée par la Commission et, enfin, une définition plus précise des prairies permanentes. Le réseau ARC s'exprima dans le même sens, en soutenant les paiements verts pour la fourniture des biens publics mais aussi la nécessité de limiter lesdits paiements verts aux agriculteurs et non pas aux propriétaires fonciers[15]. Le réseau FoodSovCap, en désaccord avec le maintien de l'orientation vers le marché de la PAC, voyait néanmoins les paiements verts comme un pas dans la bonne direction. Il insistait sur l'importance d'une exigence de rotation des cultures, avec une priorité forte pour les légumineuses[16]. ARC2020 et Via Campesina mirent l'accent sur la nécessité de soumettre ces paiements à

---

[13]EEB «*Response to the CAP legislative proposal*», January 2012; BirdLife "*CAP test after CAP proposal*" October 2011; WWF "*Response to CAP legislative proposal EEB, Real CAP reform: WWF overview position*".
[14]FoE "*Public money for public goods? More environmental protection and better for farmers?*" October 2011; PAN EUROPE position on legislative CAP proposal.
[15] "La réaction de ARC2020 aux propositions de la Commission européenne pour le futur de la PAC", publié en anglais le 2 Mai 2012 sur www. Arc2020.eu.
[16]FoodSovCap "*Commentary by European movement for Food Sovereignty and another Common Agricultural Policy on the CAP post 2013 legislative proposal*", March 2012.

cette dernière exigence et sur l'importance de soutenir le revenu des petits et moyens agriculteurs avec des aides supplémentaires.[17]

Ces dynamiques de convergence et de coordination furent aussi mentionnées dans nos entretiens avec la Commission (DG CLIMA, DG AGRI, DG ENV) :

> *« Je pense qu'ils ont commencé à s'unir récemment parce qu'ils ont remarqué les incroyables opportunités que leur offrait la proposition de réforme de la PAC. »*
>
> [Entretiens avec un fonctionnaire de la DG AGRI, Unité L1]

Ou encore :

> *« Je pense qu'ils ont établi une base commune de revendications; le fait qu'il y ait tant d'organisations poursuivant le même objectif décrit une forme de dynamique de coalition. .*
>
> [Entretiens avec un fonctionnaire de la DG AGRI, Unité G1]

---

[17] "La réaction de ARC2020 aux propositions de la Commission européenne pour le futur de la PAC", publié en anglais le 2 Mai 2012 sur www. Arc2020.eu; FoodSovCap *"Commentary by European movement for Food Sovereignty and another Common Agricultural Policy on the CAP post 2013 legislative proposal"*, March 2012.

Formation du réseau et réalignement

Nous allons d'abord expliquer le contexte, pour les deux périodes de mise à l'agenda et processus de décision politique, en décrivant les changements en termes d'acteurs et de distribution du pouvoir. Des graphiques vont nous aider dans les changements du réseau.nous aborderons ensuite ce qui relève de l'explication stratégique sur la base du modèle de Hay et Richards (2000) ces derniers considérants les choix de réseaux comme une variable dépendante du contexte politique.

1. Avant la proposition de la Commission

Mise à l'agenda

Durant la période de mise à l'agenda, les différentes alternatives qui peuvent faire l'objet de la décision politique sont formulées et les réseaux sont mis en place (figure n.3). La Commission a influencé la composition du réseau (Esmark, 2007) en demandant des contributions aux acteurs par la procédure consultative qui a recueilli 5 500 contributions du grand public, d'organisations concernées et de groupes de réflexion[18]

Lors de nos entretiens, un fonctionnaire de la DG AGRI a souligné l'importance de ces échanges entre les décideurs politiques et la société civile, qu'il a présenté comme une forme positive de lobbying.[19]

En raison de son monopole du droit d'initiative (Young, 2010), la Commission a influencé le cadrage discursif dans deux sens. D'un côté les propositions de la Commission définissent le cadre du débat qui va suivre au Parlement et au Conseil. De l'autre, elle est ouverte à toute contribution qui respecte les règles communes de communication basées sur un haut niveau d'expertise. Les réseaux préexistants à la

---

[18]Résumé des contributions « *La politique agricole commune après 2013 – Débat public* » disponible sur le site de la DG AGRI à la date 14-08-2012 : http://ec.europa.eu/agriculture/cap-post-2013/debate/index_fr.htm.
[19]Entretien avec DG AGRI, Unit L1.

proposition de réforme (notamment le GREEN10, le CAP NGOs, l'ARC, le FoodSovCap) ont pu influencer la Commission qui a le pouvoir de filtrer les propositions de la société civile par le biais du partage des ressources en termes d'expertise et de représentativité de la société civile. Il n'y a cependant pas eu d'incitation à la coordination entre les différents réseaux, chaque organisation développant ses propres idées et initiatives (Hay et Richards, 2000).

Formation du réseau

Hay et Richards identifient trois séries de facteurs contextuels et stratégiques qui déterminent les choix de mise en réseau: (1) les jeux à somme positive ; (2) l'augmentation des capacités organisationnelles, et (3) la perception que la mise en réseau avec les autres membres est faisable, soit d'un point de vue pratique pour la facilité de contact avec les autres membres du réseau, soit du point de vue du partage des mêmes valeurs entre membres, ou encore parce qu'il existe une volonté de consacrer des ressources au maintien du réseau.

Pendant la formation du réseau, le fait de participer au GREEN10 a correspondu à un jeu à somme positive pour les ONGE EEB, BirdLife, WWF EPO, FoEE, car il s'agit d'un réseau ayant une crédibilité bien établie auprès de la Commission (Greenwood, 2004). De plus, le GREEN10 est un réseau qui permet la mise en commun des capacités organisationnelles des membres et une utilisation plus efficace des ressources, en premier lieu humaines, toujours insuffisantes pour faire face aux nombreuses réunions et activités à développer. Enfin, cette mise en réseau était faisable, d'une part d'un point de vue matériel, car tous ses membres sont basés à Bruxelles, et d'autre part car ils partagent les mêmes valeurs de protection de l'environnement.

EFNCP et PAN se sont associées aussi pour obtenir une légitimité vis-à-vis des institutions, pour partager des ressources organisationnelles, pour faciliter des rencontres dans le milieu bruxellois et dans les comités consultatifs de la Commission,. Sur la base de cette coordination, le document Environnement au cœur de l'Europe[20] et les fiches thématiques ont vu le jour.

En même temps, d'autres réseaux comme CAP NGO, l'ARC et le FoodSovCap présentent également ces avantages : des jeux à somme positive dans l'élargissement de la représentativité au-delà des ONGE[21]; le partage des ressources et, encore une fois, la facilité de rencontres et de communication entre les membres du réseau. Mais on observe différentes configurations de ces avantages. Par exemple, CAP NGO et ARC sont des réseaux comprenant une large représentation d'ONG qui partagent une expertise en matière agricole, malgré certaines divergences quant aux priorités à défendre (environnement, santé des consommateurs, bien-être des animaux, soutien aux revenus des agriculteurs). Le réseau FoodSovCap, par contre, est plutôt uniforme vis-à-vis du partage des valeurs (les revendications sociales se sont mêlées aux revendications environnementales). Sur la base des sommes à jeu positif, de l'augmentation des capacités organisationnelles et de partage des valeurs, nous avons identifié différents réseaux préexistants aux réformes auxquelles les ONGE participent: le réseau FoodSovCap (incluant FoEE et Greenpeace), CAP NGO avec la participation de EEB, PAN, FoEE et WWF EPO et le réseau ARC avec PAN et FoEE associés.

Les réseaux étant multiples, les ONGE peuvent s'associer à différents réseaux en fonction de la progression du processus politique. Au moment de la mise à l'agenda, le jeu à somme positive est représenté par l'expression des priorités à long terme de chaque ONGE. Sur cette base, les ONGE ont choisit le réseau qui exprime le mieux leurs valeurs et leurs priorités stratégiques : d'un côté, FoEE s'associe au mouvement FoodSovCap dans la proposition pour une nouvelle

---

[20]"*Environment at the heart of Europe. An environmental roadmap for 2009-2014; the role of the European Parliament.*
[21]Entretiens avec WWF EPO, EEB, FoEE.

politique agricole et alimentaire européenne et de l'autre, WWF EPO, BirdLife, EEB et IFOAM s'associent dans la proposition commune de 2009.

Dans le cadre du réseau FoodSovCap, FoEE exprima ses priorités à long terme sur les aspects sociaux et environnementaux de la PAC dans une perspective internationale. Ces éléments apparaissent dans la position prise en juillet 2010 par FoodSovCap et dans la communication d'ARC de novembre 2010 : la nécessité d'un modèle agricole soutenable tant pour les besoins alimentaires européens que pour la protection de l'environnement serait la base de l'Europe pour renégocier les règles de l'OMC.

Dans la position biens publics-libéralisation commune entre BirdLife, WWF EPO, EEB, EFNCP, il ne s'agissait pas de changer les règles du commerce international mais de veiller à la protection de l'environnement qui avait du mal à se mettre en place dans la PAC. La position commune entre ELO et BirdLife s'est construite avec une vision économique libérale :

« Un des membres majeurs de BirdLife vient du Royaume Uni [la Royal Society for the Protection of Birds]. Il est traditionnellement beaucoup plus libéral que les Amis de la Terre dont beaucoup de membres viennent des pays du Sud où on est historiquement plus social. »

[Entretien avec EEB].

Figure n° 3: Formation du réseau (avril 2010 - novembre 2011)

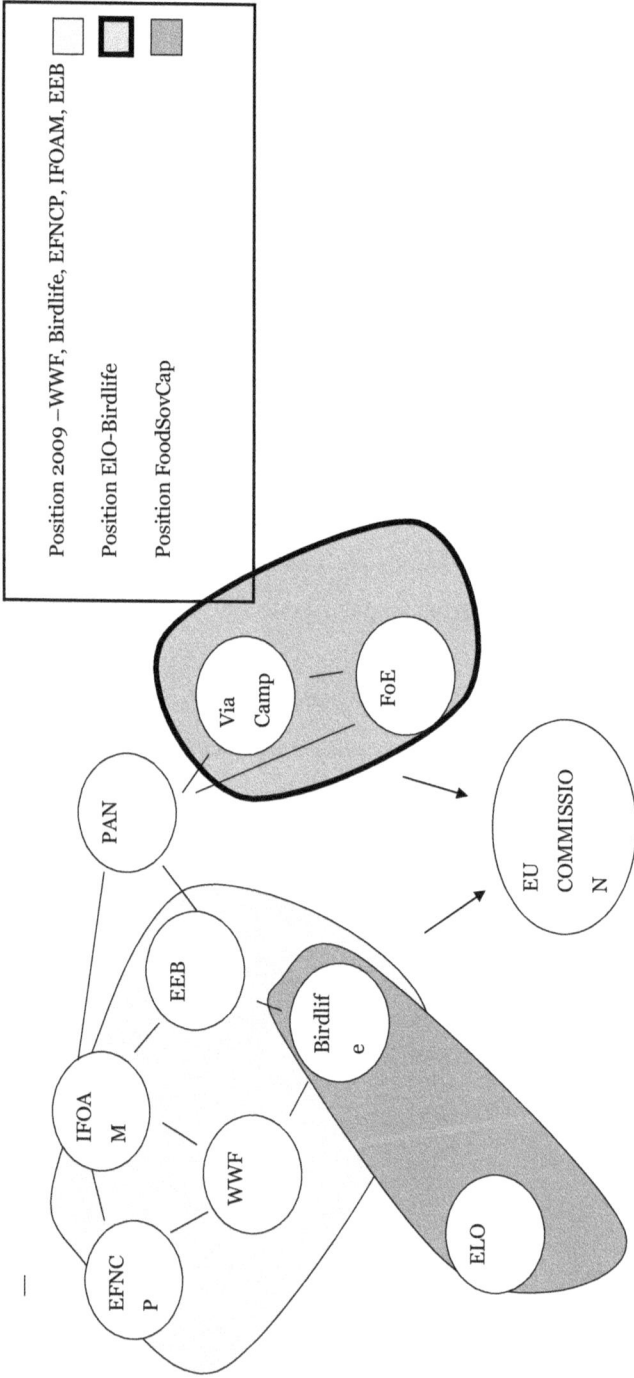

Légende:
- Position 2009 – WWF, Birdlife, EFNCP, IFOAM, EEB
- Position ELO-Birdlife
- Position FoodSovCap

2. Après la proposition de la Commission

Processus de décision politique

Dans le processus de décision politique, deux nouveaux acteurs décisionnels entrent dans le débat selon la procédure législative ordinaire (Young, 2010) : Parlement européen et le Conseil de l'Union européenne Même s'ils ne partagent pas le rôle central de la Commission dans la gestion du réseau en formation, ils sont désormais décisifs à l'heure des choix politiques.

Après la publication des propositions, la Commission a joué un rôle de cadrage discursif, en proposant des lignes de discussion à suivre. Elle a limité les revendications de la position souveraineté alimentaire – soutien au revenu – et a laissé une porte ouverte à celle de biens publics - libéralisation dans les paiements verts. Il s'agissait d'un pas vers une nouvelle légitimité du soutien public à l'agriculture, la fourniture de biens publics se plaçant aux côtés du soutien au revenu des agriculteurs. La nouveauté a été reconnue par le COPA-COGECA lors d'un entretien : « Certains éléments vont créer des discontinuités comme le verdissement ou le plafond pour les paiements directs. Ils nous éloignent des références historiques dans la définition des paiements ».

Au cadrage discursif de la Commission s'ajoute une contrainte externe liée à la nécessité de passer par la réforme de règles de l'OMC pour un changement radical de la PAC[22]. Sur cette base, les ONGE se définissent maintenant par rapport à un texte juridique existant. L'heure n'est plus à l'imagination mais à la bataille, ligne après ligne, mots après mots, pour améliorer ou défendre le texte. L'expertise et l'expérience jouent alors un grand rôle (Alexandre, 2014).

Ceci est d'autant plus vrai que les deux nouveaux acteurs institutionnels en lice, le Conseil et le Parlement européens (et en particulier la Commission de l'agriculture, la COMAGRI) sont largement perçus par les ONGE, comme des institutions

---

[22]Entretien avec CEPS, Centre for European Policy Studies (CEPS).

conservatrices qui vont affaiblir les aspects environnementaux de la proposition de réforme.

Dans cette guerre des tranchées des amendements il s'agit moins d'améliorer le texte que de le défendre.

Réalignement du réseau

Le réseau formé n'est pas pour autant figé : il peut évoluer ou même disparaître (Hay, et Richards, 2000). Dans notre cas, nous constatons un réalignement qui mène à une coordination plus étroite des ONGE (figure n.4).

Dans ce nouveau contexte, le réseau se construit sur la renégociation de l'agenda commun du réseau pour la promotion de pratiques agricoles soutenables, pour la conservation de la biodiversité, pour la lutte contre les changements climatiques ainsi que pour l'amélioration de la qualité des eaux et du sol.

La stratégie des ONGE se focalise maintenant sur cet agenda commun et non plus sur les priorités à long terme comme au moment de la mise à l'agenda. Les aspects sociaux et la remise en cause de l'orientation libérale de la politique sont alors mis de côté dans les discussions des textes pour privilégier des aspects environnementaux, comme BirdLife nous l'a rapporté dans son entretien :

« Si vous regardez ce que nous mettons sur la table aujourd'hui [après la proposition de la Commission], avec tout le monde, y compris les Amis de la Terre, quand il s'agit de raisonner dans le cadre de cette politique, de cette réforme[..], nous voulons tous l'intégration de la directive cadre sur l'eau dans l'éco conditionnalité, 10 % de la surface d'intérêt écologique, plus d'argent pour le second pilier, plus de projets environnementaux et des projets plus efficaces. Et, sur cette base, nous avons un accord allant probablement de Via Campesina potentiellement à ELO. »

[Entretien avec Birdlife]

Pour ces raisons, c'est le jeu à somme positive qui l'emporte sur le partage des valeurs. Le réseau GREEN 10 va prendre le relais et la coordination entre WWF EPO, BirdLife, FoEE et EEB va s'intensifier.

Par ailleurs, en termes de représentativité, ces ONGE essayent d'apparaître en tant que groupe soudé :

« Je pense définitivement que notre alliance est plus forte après la proposition de la Commission, étant donné que nous avons travaillé ensemble, faisant pression tout particulièrement sur le Parlement. C'est assez différent d'y aller ensemble que séparément. On est davantage pris en compte par le Parlement lorsque nous disons que nous représentons les ONG les plus scientifiques et environnementales de Bruxelles. »

[Entretien avec WWF EPO]

C'est aussi vrai en termes de communication et partage des ressources :

« On s'appelle chaque semaine, on échange, on va aux réunions au Parlement et au Conseil ensemble : dès qu'il y a un rendez-vous avec un député, c'est à plusieurs que nous nous y rendons : BirdLife, WWF, IFOAM, EEB et FoE. »

[Entretien avec EEB]

Aussi en termes de partage de valeurs :

« Chaque ONGE a ses priorités mais généralement nous sommes d'accord sur les changements majeurs. Nous avons tous dit que la proposition était peu ambitieuse et que nous voudrions obtenir bien plus. ».

[Entretien avec FoEE]

Ce changement, peut être interprété comme une défense des aspects environnementaux des propositions, comme confirmé par les entretiens avec la Commission européenne :

« Nous avons eu à la DG AGRI une conférence la semaine dernière [13 Juillet 2012]. Les ONGE ont été invitées et nous avons assisté à une confrontation autour des éléments verts de la proposition de la Commission. D'un côté, on retrouve le Parlement et certains États membres et, de l'autre, l'ensemble des ONGE ».

[Entretien avec la Commission européenne]

La DG ENV nous a fait part de la même observation :

« Je pense qu'elles (les ONG) ne sont pas trop unies, parce qu'elles ont leur propre spécificité: certaines sur les oiseaux, sur le bien-être animal, sur l'utilisation de pesticides, d'autres sont plus horizontales [...]. Je pense qu'elles ont commencé à s'unir récemment parce qu'elles ont vu une grande opportunité, un danger, avec la proposition de réforme de la PAC. »

[Entretien avec la DG ENV]

Figure n° 4: Réalignement du réseau (novembre 2011-juillet 2012)

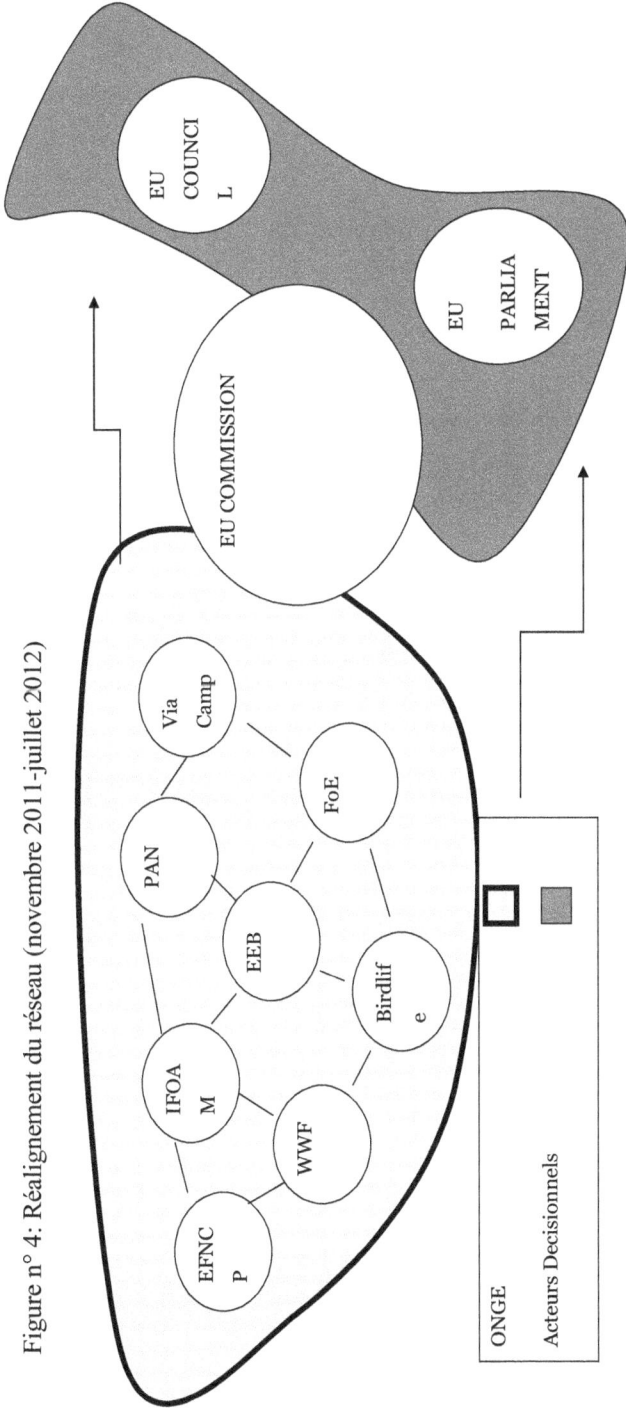

ONGE

Acteurs Decisionnels

35

L'approche stratégique de Hay et Richards prévoit d'autres formes de coordination externes à la mise en réseau comme la dominance hiérarchique et l'effort hégémonique pour imposer l'intérêt commun et la recherche du compromis. Notre analyse montre que l'ONGE BirdLife a joué un rôle clé dans ces formes de coordination.

Selon un entretien avec la Coordination européenne Via Campesina, BirdLife et ELO ont réussi à orienter le débat sur les aides directes dans une perspective "néolibérale" avec le slogan « argent public pour biens publics »[23]. BirdLife a déjà joué un rôle essentiel dans la réforme de 1992 grâce à la disponibilité des ressources financières et techniques, avec la publication du document « *Des nouvelles opportunités pour la nature et l'environnement* »[24] (Woods *et al.*, 1988). Comme nous révèle un de nos entretiens, la fourniture des biens publics est fortement soutenue par les membres britanniques de *Birdlife*.

.Dans l'effort hégémonique pour imposer l'intérêt commun, BirdLife et ELO, main dans la main, ont réussi à orienter le débat sur les biens publics, et la position adoptée par le réseau des ONGE a bien été centrée sur cette question.

« BirdLife a réussi à orienter le débat, public money for public goods. Ils ont mis le paquet pendant toute la période de communication, ils ont aussi d'autres moyens que nous. »

[Entretien avec la Coordination européenne Via Campesina]

***

---

[23]Entretien avec Via Campesina
[24] Allan Buckwell a été l'intellectuel organique d'ELO entre les années 2000 et 2012. Il coordonna en 1997 le rapport « *Des nouvelles opportunités pour la nature et l'environnement* » qui fut la référence intellectuelle explicite de la Commission

CONCLUSIONS

Le débat sur la réforme de la PAC post-2013 représente un terrain privilégié pour l'étude des stratégies de mise en réseau des ONGE actives auprès des institutions européennes. Nous assistons à une pluralité de réseaux permettant aux ONGE d'alterner des stratégies de coordination et de différenciation.

L'existence de cette pluralité s'explique par la nature ouverte, accessible et variable du débat. Leur choix stratégique (se coordonner ou se différentier) dépend à la fois du contexte politique et de son évolution, et de la distribution du pouvoir entre les acteurs.

Le passage d'une communauté de politique publique à un réseau par question augmente le nombre de participants aux débats aussi bien en termes d'acteurs décisionnels, (le Conseil et le Parlement) que d'acteurs privés. Le débat s'est élargi, entre autres, aux associations qui veillent à la protection des consommateurs, au bien-être animal, à la coopération avec les pays en développement ainsi qu'aux ONGE.

En se focalisant sur les ONGE, nous avons pu constater la coexistence d'alliances (d'un côté défendant une position biens publics-libéralisation des marchés et, de l'autre, une position souveraineté alimentaire-soutien aux revenus) et de différents réseaux à la fois autonomes et superposés (le GREEN 10, le CAP NGOs, l'ARC, le FoodSovCap).

Enfin, l'approche relationnelle stratégique nous a offert les outils pour l'analyse des choix de mise en réseau des ONGE sur la base du changement de contexte. Suite aux changements qui ont eu lieu durant le processus de décision (en termes d'acteurs décisionnels, de distribution du pouvoir et d'accès aux informations), les ONGE ont modifié leurs stratégies.

Dans la mise à l'agenda, la Commission joue un rôle de composition du réseau en s'ouvrant à une large prise en compte des intérêts de la société civile, encourageant la différenciation des visions. Cette ouverture est conditionnée au cadrage discursif, c'est-à-dire le respect du critère du langage d'expertise, ce qui encourage la mise en commun des ressources pour y répondre de manière efficace.

Dans ce contexte, les ONGE ont mis en avant leurs priorités spécifiques, orientées soit sur les aspects environnementaux communautaires, soit sur les aspects environnementaux et sociaux internationaux. Sur cette base, elles se sont orientées vers différents réseaux, GREEN10, CAPNGO, FoodSovCap ou ARC. Les réseaux se sont formés et les alliances se sont établies.

Après la publication des propositions, nous avons assisté à un réalignement du réseau selon ce nouveau contexte: face à une marge de manœuvre très réduite dans les changements souhaitables et face à une attitude conservatrice du Parlement et du Conseil, les ONGE ont maximisé la coordination de leurs requêtes et les relations inter-organisationnelles, laissant de côté leurs priorités individuelles, en utilisant le GREEN 10 comme réseau connu pour la défense de l'environnement. Elles se sont même alignées sur la Commission dans la défense de propositions pourtant jugées initialement insuffisantes.

Notre hypothèse se vérifie donc: les ONGE adoptent différentes stratégies de mise en réseau sur la base du contexte des négociations politiques. Les différences en termes de priorités organisationnelles n'empêchent pas la coordination pour maximiser l'intérêt stratégique commun, portant ici sur la protection de l'environnement, dans l'adoption de la réforme.

Quant à la Commission, le Commissaire à l'agriculture affiche une satisfaction générale avec un accord qui a le mérite d'exister et de représenter des pas (mais combien ?) dans la "bonne" direction d'une prise en compte plus prononcée de l'environnement.

Le Commissaire à l'environnement, quant à lui, manifeste son insatisfaction et regrette les nombreuses exemptions, échappatoires et seuils qui rendent le verdissement très compliqué et abaissent le niveau d'ambition environnementale de la PAC. L'étape suivante est celle des Etats membres qui ont de larges marges de manœuvre dans la transposition des décisions communautaires.25

Une dernière considération concerne la relation entre les ONGE et la Commission: elle confirme la centralité du réseau par question dans la formulation des politiques, comme la littérature elle-même l'avait déjà mise en évidence.

Enfin, nous souhaiterions terminer notre analyse avec l'image de l'archipel qui caractérise bien les particularités du réseau des ONGE. Les liens qui les unissent nous rappellent ceux qui unissent les îles d'un même archipel : toutes liées entre elles, mais chacune occupant une position différente par rapport aux autres. En raison de ces caractéristiques, nous pouvons parler d'un équilibre entre coordination et différenciation entre ces ONGE telles des îles, dans l'archipel PAC post-2013

---

25 AGRA EUROPE N° 3406 08/07/2013

RÉFÉRENCES BIBLIOGRAPHIQUES

AGRA EUROPE N° 3406 08/07/2013

Ansaloni M. (2013). La fabrique du consensus politique. Le débat sur la politique agricole commune et ses rapports l'environnement en Europe. *Revue française de science politique*, vol. 63, pp. 917-937. DOI: 10.3917/ rfsp.635.0917.

Azcarate T. G. (2011). *Cours sur la Politique agricole commune*. Unité didactique VI, année académique 2011-2012.

http://tomasgarciaazcarate.com/es/contenido/documentos-interesantes/9-the-reform-of-the-cap-new-opportunities-for-wildlife-and-the-environment.

Berny N. (2008). Le lobbying des ONG internationales d'environnement à Bruxelles. Les ressources de réseau et d'information, conditions et facteurs de changement de l'action collective. *Revue française de science politique*, vol. 58, n°1, pp. 97-121.

Betsill M., Corell E. (2008). NGO diplomacy: *the influence of nongovernmental organizations in international environmental negotiations*. Cambridge, Mass, MIT Press.

Borzel Tanja A., Heard-Lauréote K. (2009). Networks in EU Multi-level Governance: Concepts and Contributions. *Journal of Public Policy*, vol. 29, issue 2, pp. 135-152.

Bugdahn S. (2008), Travelling to Brussels via Aarhus: can transnational NGO Reseaux impact on EU policy? *Journal of European Public Policy*, vol. 15, issue 4, p. 588-606.

Clark A. M., Friedman E, Hochstetler K. (1998). The sovereign limits of Global Civil Society: A comparative NGO participation in UN World Conferences on the Environment, Human Rights and Women. *World Politcs*, vol. 51, n°1, Princeton, October, pp. 1-35.

Daugbjer C. (1999). Reforming the CAP. Policy networks and Broader Institutional Structures. *Journal of Common Market Studies*, vol. 37, Issue 3, pp. 407-28.

Esmark Anders (2007). Network management in the EU: The European Commission as Network Manager. *In* Marcussen M., Torfing J. (eds.), *Democratic network governance in Europe, Basingstoke*, Palgrave, pp. 253-295.

Fouilleux È. (2000). Entre production et institutionnalisation des idées. La réforme de la Politique agricole commune. *Revue française de science politique*, 50e année, Issue 2, pp. 277-306.

Gravey V. (2011). Reformer la PAC pour quoi faire ? Cartographie du débat PAC 2013. *Gouvernance*, n°04/11, avril.

Greenwood J. (2003). *Interest representation in the European Union*. Palgrave, Macmillan.

Greenwood J. (2004). The search for input legitimacy through organised civil society in the EU. Associations transnationales, *La revue de l'Union des associations internationales*, n. 2, pp. 119-165.

Griffiths T. R. (1995). Agricultural pressure groups and the origins of the Common Agricultral Policy. *European Review*, vol. 3, issue 3, pp. 233-242.

Hay C., Richards D. (2000). The tangled webs of Westminster and Whitehall: the discourse, strategy and practice of working in Networks within the British core executive. *Public Administration*, Vol. 78, Issue 1, pp 1-28.

Heijden H.-A. van der (2010). *Social movements, public spheres and the European politics of the environment: green power Europe?* Basingstoke, Palgrave, Macmillan.

Henning C. H. C. A. (2009). Networks of power in the CAP system of the EU-15 and EU-27. *Journal of Public Policy*, vol. 29, issue 2, pp. 153-177.

Hrabanski M. (1992).La représentation du sucre à Bruxelles : sociohistoire des pratiques de lobbying auprès des instances européennes depuis le début du XXe siècle. *Revue d'études en Agriculture et Environnement*, vol. 92, issue 2, pp. 143-160.

Hrabanski M. (2011). La représentation du sucre à Bruxelles: sociohistoire des pratiques de lobbying auprès des instances européennes depuis le début du XXe siècle. *Revue d'études en Agriculture et Environnement*, vol. 92, issue 2, pp. 143-160.

Jordan A., Schout A. (2006).*The coordination of the EU*. Oxford, Oxford University Press.

Kaiser W., Leucht B., Gehler M. (2010). Transnational networks in European integration governance: historical perspectives on an elusive phenomenon. *In* Wolfram K., Leucht B., Gehler M. (eds.), *Transnational networks in regional integration: governing Europe, 1945-83*, Basingstoke, Palgrave, Macmillan, pp. 1-17.

Knudsen A. C. L. (2010). *Shaping the common agricultural policy: networks and political entrepreneurship in the European Commission. Transnational networks in regional integration: governing Europe*. Palgrave, Macmillan, pp. 129-151.

Lataste F. G., Trouvé A., Berriet-Solliec M., Dwyer J. (2014). *Les biens publics et la Politique agricole commune : vers un tournant vert ?* working paper, CESAER, Dijon.

Martin A. (2014). *Des biens publics au verdissement: l'influence des nouveaux acteurs de la réforme de la PAC*. Analyse n°72, Centre d'Études et de Prospective http://agriculture.gouv.fr/Analyse-no72-juillet-2014-Des

Michel H., Robert C. (2010). La fabrique des Européens: processus de socialisation et construction européenne,. Strasbourg, Presses universitaires de Strasbourg.

Moschitz H., Stolze M. (2007). *Policy networks of organic farming in Europe*. Stuttgart, Universität Hohenheim.

Pezaros P., Unfried M. (2002). *The Common Agricultural Policy and the Environmental Challenge*. Maastricht, Institut Européen d'Administration Publique, pp. 1-37.

Peterson J., Bomberg E. (1999). *Decision-making in the European Union*. Basingstoke, Macmillan.

Roederer-Rynning C. (2010). The Common agricultural Policy. *In* Wallace H., Pollack A. M., Young R. A, *Policy making in the European Union*.Oxford, Oxford University Press, pp. 181-205.

Rootes C. (2003). *Environmental protest in Western Europe.* Rootes, Oxford University Press.

Rosamond B. (2000). *Theories of European Integration.* Basingstoke, Macmillan.

Torfing J. (2007). Introduction: Democratic network governance. In Marcussen M., Torfing J. (eds.), *Democratic Network governance in Europe*, Basingstoke, Palgrave, MacMillan, pp. 1-22.

Wapner P. (1995). Politics beyond the state: environmental activism and world civic politics. *World Politics*, Princeton, vol. 47, n°3, April, pp. 311-340.

Woods, A., Taylor, J.P., Harley, D.C., Hunsden, S.D. et Lance, A.N. (1988). *The reform of the CAP: new opportunities for wildlife and the environment.* A discussion paper. RSPB, Sandy.Young A. (2010). The European Policy Process in Comparative perspective. *In* Wallace H., Pollack A. M., Young R. A., *Policy making in the European Union*, Oxford, Oxford University Press, , pp. 46-68.

www.ingramcontent.com/pod-product-compliance
Lightning Source LLC
Chambersburg PA
CBHW020008290326
41935CB00007B/354